AF250775

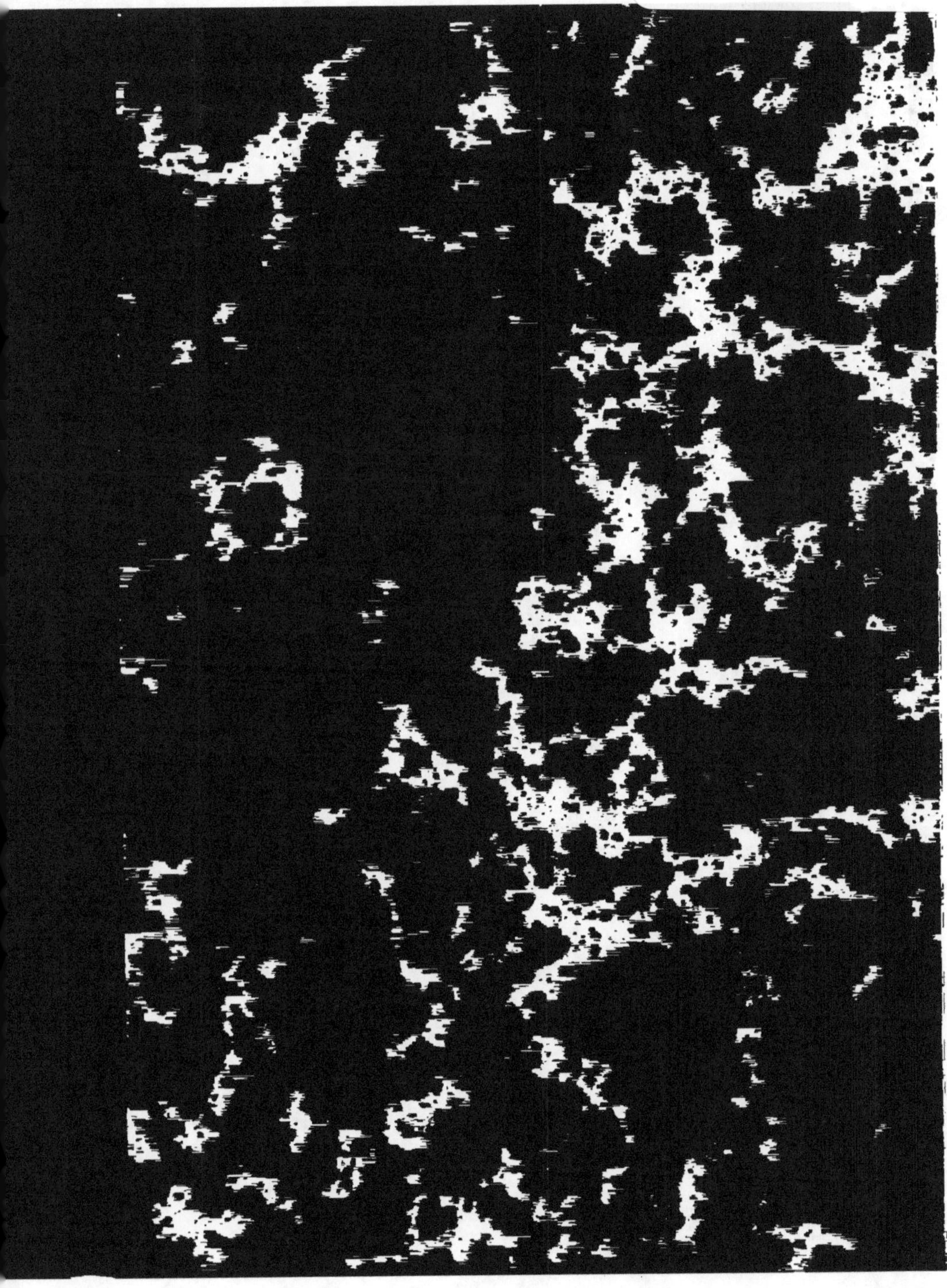

QUELQUES MOTS

DE COMPENSATION

ENVERS L'EMPEREUR

NAPOLÉON.

Cet ouvrage se trouve encore chez les suivants :

Le Normant, Libraire, rue de Seine, n° 8 ;
Et Delaunay, au Palais-Royal.

———

Ouvrages du même auteur, qui se trouvent aux mémes adresses :

L'Éducation , ou *les Élèves instruits par eux-mémes.* C'est le premier traité d'un grand ouvrage que nous avons annoncé sous ce titre.

Un fort volume *in*-12. Il a pour objet : l'Apologue ou Fable morale.

La Petite Héloïse, ou *Lettres à Mme de* ***, sur deux Amans de l'Ile de Crète.

Un vol. *in*-12. Prix : 2 fr. , et 2 fr. 60 c., par la poste.

J.-M. ÉBERHART, IMPRIMEUR DU COLLÉGE IMPÉRIAL DE FRANCE,
RUE DU FOIN ST.-JACQUES, N° 12.

QUELQUES MOTS

DE COMPENSATION

ENVERS L'EMPEREUR

NAPOLÉON,

Sur ce qu'avance M. J.-J. Aristippe-Demonvel, dans ses deux ouvrages, qui ont pour titre : le premier, *Nouvelles Politiques. Les Grands Événements de la France* ; le second, Louis XVI, poëme en 4 chants.

Reddite..... quæ sunt Cæsaris, Cæsari;....
Evang. selon S. Matth., Ch. 22.

La France peut-elle regarder comme un bien ce qui nous est arrivé dans le cours des années 1814 et 1815 ? Était-il vraiment de la destinée des Français d'avoir pour Restaurateur un grand Capitaine, un grand Monarque ; en un mot, un homme tel que Napoléon ? Cet *homme*, ce héros, a-t-il les qualités propres pour régner ? pour être le Chef suprême d'un grand Empire ? pour ajouter à la gloire, et soutenir celle d'une Nation depuis long-temps illustre, florissante ?

Voici les points principaux sur lesquels nous allons discuter, pensant qu'ils ne peuvent pas être sans quelqu'intérêt.

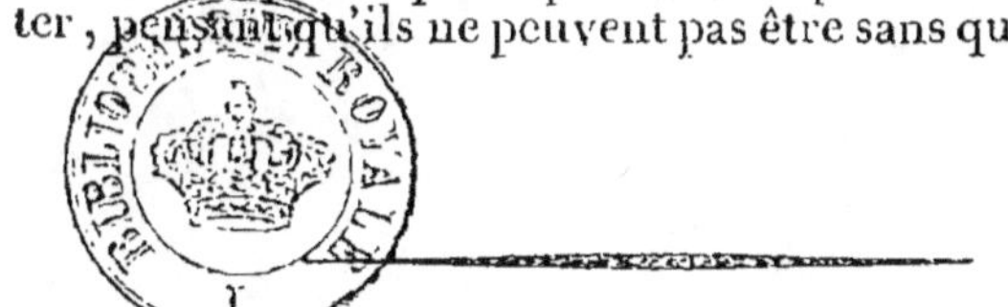

A PARIS,

Chez l'éditeur, rue des Maçons-Sorbonne, N° 11;
et Pillet, rue Christine, N° 5.

1815.

QUELQUES MOTS

DE COMPENSATION

ENVERS L'EMPEREUR

NAPOLÉON.

CHAPITRE PREMIER,

POUR SERVIR D'INTRODUCTION AUX CHAPITRES SUIVANTS.

La France peut-elle regarder comme un bien ce qui nous est arrivé dans le cours des années 1814 et 1815 ?

———

Voici un point fort difficile à juger, et sur lequel les diverses opinions peuvent beaucoup : toutefois, ne doit-on pas se méfier de ce que l'on pense ? Peut-on dire ce que l'on sent ?... Celui qui aime sa patrie, qui respecte son souverain, et veut rendre à César ce qui lui revient (a), pour ne rien faire perdre à autrui (*à son peuple*), est en droit, selon nous, de le faire. Il est même de son honneur, de son devoir, de ne pas le cacher. Nous fermerons donc les yeux sur notre extrême jeunesse : nous avancerons hardiment ce que nous pensons : et puisque nous avons fait connaître aux souverains et au peuple une partie de nos sentiments, il est juste que nous continuions à le faire avec la même impartialité que nous avons toujours observée. Nos jugements ne seront déterminés par aucunes raisons particulières. Tel qu'un homme qui veut rester neutre entre deux peuples qui se font la guerre, parce qu'il voit de part et d'autre certains droits, ainsi nous maintiendrons dans un semblable milieu, ce que nous avons à dire des Bourbons et de Napoléon.

Oui, ce qui nous est arrivé dans le cours

______

(a) *Reddite*..... *quæ sunt Cæsaris, Cæsari ;*....

Evang. selon S. Matth. Chap. 22.

des années 1814 et 1815, peut être regardé comme un bien pour la France. *Comme un bien,* parce qu'il peut également le devenir pour le héros, pour le grand homme qui tient les rênes de son gouvernement. Vainement l'on discutera sur les belles qualités de Napoléon: vainement l'envie, la rage, voudront le faire passer pour tyran, flétrir les lauriers d'une couronne glorieuse qu'il tient de sa valeur, du grand talent dont le doua la nature, et peut-être encore de la protection que lui accorda la providence. Non, il faut le dire à la face de l'univers, Napoléon ne fut pas un tyran; ce n'est que la passion, la méchanceté, l'intérêt particulier, qui peuvent avoir fait un tel aveu : il a du génie, du talent, il a des qualités : malheur à ceux qui peuvent les méconnaître ! c'est donc en vain qu'on a voulu nous le faire voir comme un homme ordinaire. Qu'on dise que ses talents et ses qualités n'ont pas été sans faiblesses, j'écoute cette voix. Mais aussi quel mortel en fut toujours exempt ? quel homme peut se promettre une puissance assez grande, pour être au-dessus de toutes les passions de notre nature ? On peut être fort en talent, grand en génie, avoir même de la sensibilité de cœur, mais à moins qu'on ne soit un immortel, on ne peut être à l'abri de certaines faiblesses. L'homme dont nous parlons en eut sans doute, il commit des fautes; quel prince n'en a pas commis, quel prince n'eut pas de faiblesses ? Nous ne parlerons point des *Alexandre* et des *Pyrrhus*, des *César* et des *Octave*, les meilleurs empereurs comme les meilleurs rois en eurent; les plus grands législateurs comme les plus vaillants héros : Henri IV, Louis XIV, le saint roi David même n'en furent pas exempts; et ne trouva-t-on pas à redire à la conduite des Aristides, des Alcibiades, des Thémistocles, des Pompée, des Lycurgue et des Solon ? Nous pourrions faire entrer les sages dans la même ligne, et citer les Socrate, les Platon, les Pythagore et les Catons[1].

---

[1] Voyez les notes de ce chapitre, désignées par un même chiffre, page 15.

Ces raisons peuvent-elles justifier les erreurs d'un homme; les diverses passions auquel il se livre? et doivent-elles faire fermer les yeux sur les suites funestes d'une ambition démesurée.[2] Aucun de ceux qui ont déjà lu les deux faibles écrits où je parle de l'Empereur, ne peuvent douter de mes sentiments là-dessus? Dieu nous garde d'excuser jamais les faiblesses d'un homme en pouvoir! d'un homme dont la moindre erreur rejaillit jusque sur des milliers de têtes! Si l'on doit exiger dans tout être raisonnable de la réflexion dans ses projets, de la sagesse dans ses règlements, de la conduite dans ses entreprises; sans doute ce doit être dans un prince particulièrement qu'on a raison de vouloir le trouver. Les suites de ses entreprises devant influer de beaucoup sur le sort de son état et de ses peuples, il doit nécessairement ne rien faire, rien entreprendre, qu'il ne l'ait auparavant solidement pensé, réfléchi, délibéré. Mais n'est-on pas forcé de l'avouer, à la honte même de notre espèce? combien peu d'hommes savent ne dire que ce qu'ils

pensent véritablement : combien peu ne re-
gardant que leurs intérêts particuliers, savent
ne se point déguiser et ne rien conseiller uniquement pour plaire; uniquement pour flatter! Un souverain a donc deux grandes choses
à éviter : et le trop de confiance en ses passions, et la crainte que ses sujets ne lui parlent
pas sincèrement. Dans les diverses situations
où s'est trouvé l'Empereur, était-il assuré que
ceux qui l'entouraient lui dirent la vérité et
ne firent jamais rien pour flatter les passions
qu'ils connaissaient en lui?..... Comment le
monarque aurait-il pu ne pas s'aveugler, ne
pas se laisser aller aux tentations ou une
gloire presque toujours constante et une ambition presque toujours heureuse devaient nécessairement l'entraîner ?

Quelles sont alors les raisons pour que Sa
Majesté dût être l'unique personne qui pût se
mettre à l'abri du cours ordinaire où nous
expose la faiblesse de notre nature ?

Le génie qui semble veiller à la destinée du
héros de la France, crut donc nécessaire d'en-

voyer quelques échecs à la fortune qui l'avait toujours secondé. Soit impuissance, soit faiblesse, soit trahison, il fallut que la France essuyât les revers qui lui survinrent [3]. Napoléon devait se conformer à cette épreuve, et ne pouvait être au-dessus de cette destinée.

Il a sans doute vu, par l'extrémité où elle le réduisit un moment, combien c'était peu que les grandeurs, combien la puissance de tout le génie, de tous les talens de la nature humaine, devient insuffisante sur les volontés d'une providence au-dessus de ce qui tient aux choses d'ici-bas.

Ainsi pendant quelque temps, elle sembla le mettre en oubli : qu'en est il résulté ?... que des esprits justes, sages, droits, ont dévoilé les erreurs sur lesquelles il pouvait s'aveugler ; ont fait entendre hautement ce que la voix de la flatterie, ou d'une crainte pusillanime n'avaient osé lui dire ?.... D'autres ont plus fait : s'abandonnant au délire d'une passion sans frein, ils ont insulté des lauriers justement acquis ; ils ont feint de méconnaître dans l'Empereur et son talent et son génie ; ils ont voulu dénigrer ce qu'il avait fait de bien, de grand, de beau : ils l'ont même voulu mettre aussi bas que le dernier des hommes : en un mot ils ont produit et dit des choses infâmes, atroces. Mais la majorité de la nation n'a pu y prendre part : les hommes sensés lui reconnurent des torts, blâmèrent même quelques-unes de ses lois, et l'aveuglement où le succès de ses armes l'avait mis. Cependant ils ne laissaient pas de voir en cet homme beaucoup de mérite. [4] Les effets de la guerre les rendirent peut-être indifférents sur le changement de notre révolution ; mais ce ne fut pas sans peine qu'ils virent les malheurs du grand capitaine de la France, du vainqueur de *Marengo*, d'*Austerlitz*, etc., en un mot du seul vrai César dont notre patrie puisse s'honorer. Ils furent également indignés de tout ce que la méchanceté, la calomnie de quelques méchants esprits osaient afficher, sans respect pour sa personne et ses talens.

On a beaucoup discuté, on s'est fort appuyé

sur le défaut de naissance. Peut-on mesurer les qualités d'un grand homme à de si petits objets ! Les hommes seront-ils toujours aveugles là-dessus ; et ne voudront-ils jamais reconnaître qu'ils sortent tous de la même souche, du même arbre qui les produisit. Non, comme nous l'avons dit dans notre 1re brochure [5], ce n'est point la branche d'où sortent quelques hommes qui puisse établir de la différence parmi eux ; ils sont tous égaux, ils devraient être tous frères. Les talens, le génie que la nature a mis dans quelques-uns pour être comme les flambeaux, comme les guides des autres, sont seuls capables de mettre entr'eux quelque différence ; et lorsqu'on les a reconnus, c'est alors que l'égalité cesse. C'est alors que les esprits vulgaires doivent respecter, honorer, vénérer le génie.

L'antiquité civilisée ne s'éloigna point de ce principe. Lorsqu'elle voulait élever des temples au talent ou à la vertu, elle ne s'informait point du plus ou moins de naissance qui se trouvait dans les hommes qu'elle voulait honorer ;

Le grand roi, comme le vrai sage, le grand
capitaine, comme le poète profond ; le législateur, comme le grand écrivain, avaient également part à ses récompenses. Les honneurs
des uns n'étaient point distingués de ceux des
autres : c'est pourquoi on pleura également les
Minos, les Numa, les Socrate, les Platon, etc. ;
on éleva des temples à Alexandre, comme on
en avait élevé à Homère, et l'on vit d'un même
œil, les Lycurgue, les Thalès, les Démosthène,
les Cicéron, etc.

Aussi la providence ne s'est-elle jamais mon-
trée incertaine là-dessus, et n'a-t-elle cessé d'ac-
corder au grand mérite ce qu'elle refusa souvent à la naissance.

C'est peut-être aussi cette providence qui
voulant châtier le héros dont nous parlons,
a permis les malheurs qu'il essuya, 1° pour
lui faire voir l'abus qu'il commençait à faire
des grands biens dont elle n'avait cessé de
le combler ; 2° crainte qu'il n'en abusât davan-
tage ; 3° pour lui faire sentir que malgré son
grand génie et ses prospérités, il ne devait

(15)

pas oublier qu'il était homme ; 4° et pour
qu'il joignît, sans doute, aux brillants exploits
d'un Alexandre, d'un César, les vertus ai-
mables des Titus, des Marc-Aurèle.

Les évènements survenus dans le cours des
années 1814 et 1815, peuvent donc être un
véritable bonheur pour la France, et par conséquent celle-ci les voir comme un bien. Mais
cependant qu'elle ne perde jamais de vue les
sentiments du vers de Virgile, où se trouve ce
touchant hémistiche :

Miseris succurrere disco.

Eneid. Liv. I.

NOTES.

---

[1] Comme on pourrait croire que nous voulons entièrement excuser les fautes de Napoléon, le lecteur
nous permettra, sans doute ici, de le renvoyer à la
lecture du poëme que nous avons fait paraître : il a

pour titre *Louis XVI*; il est en quatre chants, et nous l'avons accompagné de quelques réflexions sur l'ancien gouvernement, et de beaucoup de notes instructives et historiques.

[2] Nous croyons que d'après cette période seulement, l'on ne pourra point juger l'auteur d'être plutôt d'un parti que d'un autre : non ; dire la vérité, n'exposer que ce qu'il pense, voilà ce qu'on sera certain de trouver dans tout le cours de cet ouvrage.

[3] Voyez le premier chant du poëme de *Louis XVI*, dont nous venons de parler, et quelques-unes de ses notes. Si le lecteur le permettait, nous pourrions aussi le renvoyer à plusieurs passages de la 3.ᵉ édition de notre 1.ʳᵉ brochure : elle a pour titre, *Nouvelle Politique*, les Grands Événements de la France, ou Sentiment d'un colonel espagnol, sur ceux qui devaient arriver aux Français pendant le cours des années 1814 et 1815; suivis d'un exposé sur ce qui serait le plus propre dans un bon prince à faire le bonheur des peuples et procurer l'unité de religion.

[4] Tels étaient les sentiments que nous dévoila le colonel espagnol, dont nous avons donné les opinions. Voyez, pour tout ce passage, le chap. 2, pag. 35, 36, 54 et 55.

[5] Le lecteur nous permettra sans doute la citation de ce passage, en faveur de ceux qui n'ont pas encore lu

notre première brochure. C'est ainsi que s'exprime notre colonel, sur un semblable objet :

« J'ai vu des personnes qui, pour déprimer ce qu'il fit, alléguaient son peu de naissance, eu égard au trône, et le pays dont il sortait : que font l'une et l'autre de ces choses ? ce sont de ces raisons qui ne disent rien et se détruisent elles-mêmes. Nous sortons tous d'un même arbre, dont Adam est la première racine; par conséquent nous sommes tous égaux, tous frères. Que m'importe qu'Aristide, Thémistocle, Épaminondas, Régulus, les Scipion, Coriolan, Bélisaire, etc., et tant d'autres grands capitaines, jusqu'aux empereurs et aux rois, soient ou ne soient pas de tel sang, de telle contrée? toutes les fois qu'un scythe aura fait des choses aussi grandes et aussi recommandables qu'un Alcibiade, qu'un Périclès, qu'un Phocion, et aura des qualités égales à celles qu'eurent les Alexandre, les Pompée et les César; fût-il encore sorti d'un pays plus barbare, je lui accorderai les mêmes considérations que je devrais avoir pour un grec, un romain, un égyptien, un perse. Sertorius, Viriatus, Marius ne furent rien par leur naissance; mais ils firent des choses recommandables, et c'est assez pour que j'accorde alors à leurs talents la justice qu'ils réclament pour eux ».

Page 5q et suiv. Et plus loin : «Ce ne sera qu'une vertu extraordinaire, de grands talents, un beau génie et les facultés dont le ciel se plut à combler tels ou tels

B

hommes, qui mettront entre les mortels quelque différence; rien autre chose à mes yeux n'en peut diviser
la liaison, l'unité et l'égalité. « Tel est placé sur le trône,
» dit J.-J. Rousseau quelque part, qui serait trop honoré
» de la condition de pâtre, et tel est berger qui mérite-
» rait d'avoir le diadême ceint sur le front, et de tenir les
» rênes d'un grand empire ».

[6] Pour prouver que nous ne sommes point changeant
dans nos opinions, qu'on nous permette de renvoyer le
lecteur à la ligne 20 de notre brochure, page 58; voyez
aussi folio 55, après ces mots que nous allons citer;
c'est ainsi que parle notre colonel :

« Je ne pouvais jamais penser qu'un homme qui réunit
à tant de talents, à tant de connaissances, à un goût si
exquis pour les belles choses, tant d'ambition, si peu de
retenue dans les projets qu'il exécute, tant d'amour pour
la guerre, une gloire à laquelle il sacrifie tout, pût
être toujours protégé du ciel, et favorisé jusqu'à la fin
de son règne ».

CHAPITRE II.

Était-il vraiment de la destinée des Français,
d'avoir pour restaurateur un grand capitaine,
un grand monarque; en un mot, un homme tel
que Napoléon.

———

Nous ne pouvons plus le cacher, il faut le
dire sans crainte. L'état de la France avant la
révolution, l'état de la France sous Louis XV
et Louis XVI, nous démontre clairement
qu'elle avait besoin d'une réforme; ou du moins
que le ciel voulait opérer en elle de grands
changements. [7] L'esprit philosophique de ces
temps-là, les divers partis, l'ascendant, ou
plutôt la singularité, la légèreté même du
peuple, donnaient à la majorité de la nation, un
tel caractère, que tout semblait prédire à la
France ce qui devait lui arriver. Louis XV n'é-
tait plus tranquille sur la fin de son règne :
il semblait prévoir la fâcheuse destinée de sa

maison. Les dispositions des esprits telles que nous venons de vouloir les définir, ne lui étaient pas inconnues. C'est aussi ce qui lui fit dire au moment de sa mort, ces mots rapportés dans les notes de notre poëme de *Louis XVI* : « Je » ne sais comment Berri s'en tirera ».

C'est donc une chose que nous ne pouvons présentement révoquer en doute. Il était de la destinée de la France, d'éprouver des revers, des succès ; d'éprouver la plus cruelle des révolutions, pour être ensuite en proie aux maux que traînent après soi les haînes, les divisions, les infamies. Il n'est que trop visible aussi que la destruction de la maison des Bourbons, devait être le résultat de leurs funestes suites, et cette famille en être la victime, ou voir par-là une cessation aux droits de sa couronne.

Quel devait être l'homme qui pouvait rendre à la France ses beaux jours ; faire oublier les crimes dont elle s'était rendue coupable, rétablir la gloire du nom français qui s'était ainsi avili ; la faire respecter chez les autres nations, et lui rendre le caractère, la force que la contrée qu'il habite, et la nature de son climat se prêtent à lui donner. [8] Devait-ce être un homme ordinaire; d'une faible conception; sans talents, sans génie ? Non, cela ne se pouvait pas; il fallait une âme forte, qui joignît beaucoup d'esprit, une conception vaste, à tous les talents militaires. Il fallait une imagination qui brûlât de l'amour de la gloire. C'est en vain que quelques esprits tournent cet amour en ridicule : partout où cet amour ne règne pas, on ne voit guère de grands résultats ; c'est pour la gloire que le guerrier brave les dangers de la guerre, les fatigues, les traverses, les assauts, souffre la faim, la soif; en un mot, sait mourir pour son pays et son monarque. C'est pour elle que le poète se tourmente également, pardonne aux critiques, à la médisance, à la calomnie. Tout ce que nous avons de beau, tout ce qui s'est fait de grand, est le fruit de son amour. Comme il est hors de doute que Napoléon ne joigne ce que nous cherchons ici, c'est donc l'homme qu'il fallait à la France: c'est l'homme que le génie qui veille sur elle, appelait.

Croirions-nous, d'après cela, que cet homme dût tout perdre en un instant, et les peines qu'il se donna pour notre patrie, et le prix de ses travaux, de ses victoires, et de tout ce qu'il avait fait de grand, de beau, en sa faveur ? Nous ne l'avons jamais pensé. Nous savons combien la faiblesse de la raison humaine nous permet peu de prononcer sur les grandes destinées. Mais il est certaines choses desquelles on peut dire ce que l'on sent. Nous n'avons jamais cru que la providence pût conduire un homme à ce degré de fortune où monta Napoléon, pour le précipiter en un instant dans l'abîme, et du faîte des grandeurs, le faire passer soudain à l'égalité d'un *Viriatus*, d'un *Sertorius*. [9]

Ce qu'avance notre sage espagnol, dans notre Ire brochure, est loin de contredire les sentimens que nous déclarons ici : il nous a dit qu'il pensait qu'une providence particulière lui paraissait veiller sur lui ; il nous a dit que cette providence pouvait bien l'avoir réduit à sa mauvaise fortune, mais nous n'avons point annoncé que le temps de l'épreuve ne cesserait jamais, et qu'un jour enfin, le héros malheureux ne se releverait pas de sa chûte.

L'intention de mon *colonel* n'était donc point d'assurer l'entière déchéance de Napoléon ; il crut seulement que c'était un effet de la providence, afin de lui dessiller les yeux sur ses prospérités : il présumait, sans doute, qu'il pourrait en faire abus. C'était inévitable à la faiblesse humaine : sur cinquante dans sa position , aucun peut-être n'aurait fait autrement. Et beaucoup auraient pu agir avec bien plus de confiance en eux-mêmes.

Il est prouvé par ces raisons que les sentiments de notre sage ne sont point en opposition avec les nôtres. Il ne nous dit rien de plus, il est vrai, là-dessus : mais sans doute qu'il ne voulut point prononcer sur les décrets de la providence, sachant bien que c'était hors de notre nature ; et que la faiblesse humaine ne pouvait porter si loin la pénétration de ses idées.

B 4

C'est ainsi qu'il termina ce qu'il nous dit de Napoléon : «Oui, il serait très-possible que Dieu, voulant purger la terre, et principalement punir votre patrie et la mienne des crimes qu'elles ont commis, eût envoyé cet homme à la France pour en exécuter les grands desseins ».

Il nous semble donc que ce chapitre est défini, et qu'il était effectivement de la destinée de la France d'avoir pour restaurateur et pour monarque, un grand capitaine, un grand génie, un homme tel que notre Empereur.

NOTES.

---

[7] Les vers qui se trouvent dans le premier chant du poème de Louis XVI, que nous avons cité ci-dessus, page 22, et la note 12, pages 31 et 32, relative à ces vers, devront faire juger si c'est pour prendre le parti de l'Empereur, ou la vérité seule qui nous fait parler ainsi.

8 Il ne faut pas croire que ce soit des choses sans grandes considérations. Cette note de Montesquieu, prouvera combien le naturel d'un climat influe sur les diverses considérations qu'on doit porter dans un état : « Prideau, dans sa vie de Mahomet, dit que ce législateur épousa Cadhisja, à cinq ans, coucha avec elle à huit : dans lés pays chauds d'Arabie et des Indes, les filles sont nubiles à huit ans, et accouchent l'année d'après ». *Esprit des Lois*. Liv. XVI, chap. 2.

Nous aurions pu ne pas faire cette remarque ; mais peut-être ne déplaira-t-elle pas à tous les lecteurs. Logier de Tassis en dit de même dans son histoire du royaume d'Alger.

9 Voici comment s'exprime notre colonel espagnol dans le chap. 2, *de Napoléon et des Louis* : « Tout homme bien instruit sur la rapidité des conquêtes de votre Empereur, sur sa prompte élection au trône de France, sur les grandes choses qu'il a faites, sur ses mœurs, sur le vrai fonds de son caractère et le génie dont le doua la nature, (car j'assure qu'il en a), ne peut pas douter que le ciel n'ait eu quelques vues particulières sur lui. ». . . . . .

CHAPITRE III.

Cet homme (*ce héros*), *a-t-il les qualités propres pour régner ? pour être le chef suprême d'un grand empire ? pour ajouter à la gloire et soutenir celle d'une nation depuis long-temps illustre, florissante ?*

Juger de semblables propositions paraîtra sans doute fort hardi à nos lecteurs. Surtout lorsqu'on saura que celui qui veut les juger est un jeune homme de 22 ans. On doit donc avoir quelqu'égard pour notre âge : mais comme à nos yeux le nombre des années ne fait rien (*a*), et que de longues méditations, un esprit bien cultivé, bien réfléchi, qui sur-

(*a*) Il ne faut pas croire que nous parlions ici sans exception. Cependant on nous permettra sans doute la citatiou de ces deûx vers de Corneille :

Je suis jeune, il est vrai, mais aux âmes bien nées,
Le TALENT n'attend pas le nombre des années.

tout a beaucoup vu, beaucoup pensé, font tout ; nous marcherons avec fermeté, sans crainte ; mais, sans toutefois aussi, vouloir que l'on prenne nos raisons à la lettre, et nos opinions pour des jugements sur lesquels on doive entièrement s'arrêter. Nous allons donc examiner chacune de ces propositions par des sections particulières.

Section Ire.

Cet homme a-t-il les qualités propres pour régner ?

Ce que nous avons dit dans le chapitre précédent ne peut guère laisser à douter là-dessus. Oui, nous croyons que Napoléon a les qualités propres pour régner. Que doit-on desirer dans un prince, un monarque, en un mot un être appelé au trône, soit par sa naissance, soit par les faveurs dont le ciel le combla ? *de l'esprit, des connaissances proportionnées au grand art de régner, la crainte d'une providence qui ne nous aveugle pas sur notre pouvoir, une âme forte, des talents militaires, un grand usage de l'art de la guerre*. L'Empereur nous semble avoir en lui seul toutes ces qualités ; un homme borné, inepte, privé des principaux organes qui nous ôteraient la faculté de bien penser, ne ferait jamais ce qu'a fait Napoléon ; ne le concevrait seulement pas. Pour ce qui tient aux connaissances proportionnées *à un monarque* : peu de personnes ignorent quels ont été les principaux soins du nôtre dans sa jeunesse, son amour du travail, ses grandes études, son esprit toujours actif, réfléchi. L'on n'a jamais ouï dire non plus qu'il n'eût pas la crainte d'une providence qui veille sur nous ? Nous n'oserons pas croire qu'il ait méconnu la certitude de l'existence d'une cause infinie, créatrice de tout ce qui se voit dans la nature, et que nous nommons Dieu : malheur à lui s'il ne sentait pas même tout ce qu'a de beau, de vrai, la morale chrétienne ; mais que dis-je ? bien qu'il ait laissé, et doive encore laisser la liberté des cultes ; les faveurs qu'il accorda à celle ci, ne nous peuvent pas faire douter de ses sentimens à cet égard. Quant à ce qui tient à l'observance de ses lois ; c'est autre chose : ce n'est pas à nous, hommes, à décider. Notre faiblesse, nous rend souvent indifférents sur ce que nous désirerions le plus. *Une âme forte ;* dans mille traits de l'histoire de sa vie, la nature nous a fait connaître qu'elle était loin de lui avoir refusé ce don. Les périls où il s'est trouvé, les piéges que des méchants lui tendaient et desquels il a si bien su se mettre à l'abri, et pour sa personne, et pour l'intérêt de la France, en sont un sûr garant.

Possède-t-il les autres dons que nous voulons dans un monarque ? Oh ! je crois que pour cette fois nous pourrions nous exempter de dire un seul mot là-dessus : Nous ne sommes point militaire, nous n'avons jamais été dans les combats en réalité, mais s'il faut en croire le peu de connaissances que nous a suggérée une étude approfondie, de tout ce qui s'est fait de remarquable depuis que le monde est monde ; s'il faut en croire les idées que peuvent nous avoir données l'histoire des guerres de tous les peuples, des Grecs, des Romains, des Perses, des

Égyptiens, des Carthaginois, des Hébreux, des Scythes, même jusqu'à celle des peuples modernes ; certainement nous ne pouvons jamais croire qu'un homme qui porta nos aigles où les porta Napoléon, et qui fut aussi constamment guidé par la victoire, toutes les fois qu'il ne fut pas trahi ; car il le fut, [10] peut ne pas avoir les talents suffisans au plus grand roi, au plus grand monarque. Or peut-on douter présentement qu'il n'ait pas non plus *l'usage de la guerre ?*

L'Empereur a donc les qualités propres pour régner comme prince et comme roi.

SECTION II.

A-t-il également les qualités qui sont convenables pour être le chef suprême d'un grand empire ; pour conduire sagement, et avec solidité les rênes d'un vaste royaume ?

Nous n'aurions pas sans doute besoin de rien dire sur cette proposition : il est physiquement démontré qu'une contrée qui n'a pour état qu'un petit domaine, pour habitants qu'une population médiocre et peu nombreuse; peut se passer d'avoir pour chef un homme de la plus haute expérience, du plus grand génie, en un mot tel que l'exigeaient, par exemple, les empires de Grèce et de Rome. Mais qui nous a dit que Napoléon ne possède point au-delà de ce qui serait alors nécessaire pour être le souverain d'un tel peuple? Non, la nature veut qu'en tout il y ait une certaine unité de convenance. Napoléon, chef d'un tel état, ne le rendrait pas heureux : les conceptions de son génie s'y trouveraient trop resserrées ; il faut que l'étendue de son imagination, plane sur l'immensité d'un vaste domaine; que ses pensées puissent agir en liberté, et que le cercle de la sphère de son royaume s'étende autant que celui des limites de la France.

Napoléon peut donc être le chef d'un grand empire, d'un *immense* royaume, en un mot d'un état, qui sans être le plus vaste des états, n'en est pas moins le plus beau, le plus florissant, et le plus puissant.

SECTION III.

Mais cet homme peut-il ajouter à la gloire et sou-tenir celle d'une nation depuis long-temps il-lustre, florissante ?

Il le pourra, car s'il ne le pouvait pas, il ne serait plus propre à être le chef suprême d'un grand empire. L'état même où s'est trouvé la France, ce que Napoléon a fait pour elle, répondent à chaque membre de cette proposition. La France était même glorieuse avant la révolution ; elle était déja célèbre dans toutes les parties du monde connu ; les Charlemagne, les Henri IV, les Turenne, les Condé, et Louis XIV, avaient fait connaître la valeur des enfants qu'elle accordait à Mars ; combien ils étaient belliqueux, propres à la guerre, forts dans les combats. Les sciences, les beaux arts que ses grands hommes portèrent à un degré si éminent, avaient encore démontré ce qu'elle pouvait ; combien son sol était fécond : et tout ce qu'on de-

devait attendre d'une nation telle que la nation française, telle que ma patrie.

Elle s'était flétrie malheureusement par la révolution ; on semblait mettre en oubli le souvenir de sa dignité. Il fallait qu'un homme de talent, qui réunît en lui tous les avantages dont nous avons parlé ci-dessus, vînt avec la rapidité de l'aigle, réparer les dommages qu'elle s'était faites ; soutenir sa gloire qu'elle commençait à perdre , l'augmenter même, et maintenir dans les esprits voisins l'idée que d'abord elle avait donnée, et de son nom et de sa puissance. Napoléon ayant fait tout cela par le succès de nos soldats, dont il avait le commandement, ayant de plus concouru, servi à la perfection de nos arts, par ses heureux goûts et par la protection qu'il accorda aux sciences, aux talents ; Napoléon est donc fait pour ajouter à la gloire, et soutenir celle d'une nation comme la nation française, depuis long-temps illustre et florissante.

C.

NOTE.

10 Le même jour que les armées des puissances coasées entrèrent dans Paris, j'eus occasion de parler à l'aîné des fils du roi de Prusse. On ne doit guère douter quel devait être le principal sujet de notre conversation : le prince était liant, parlait bien français, avait toujours répondu avec complaisance aux questions que jusques ici je lui avais faites. Je devais donc peu craindre qu'il prît en mauvaise part la demande suivante : « Prince, lui dis-je, avouez que vous étiez bien loin de penser, il y a trois jours, pouvoir vous emparer si aisément de la capitale de l'empire français. Vos succès ont été prompts ; votre parti, les chefs de vos troupes, doivent bien être glorieux d'avoir pu sitôt faire leur entrée en cette ville. — Oh! dit-il, d'un air de franchise qui me plut, je vous avoue que ce ne sera jamais une bien grande gloire pour nous. — Prince, repris-je alors, vous êtes bien modeste pour vos armes : je doute que vos soldats parlassent ainsi : on lit sur leurs visages et sur ceux de vos officiers, combien ils ont éprouvé de plaisir en se rendant vainqueurs des

troupes que commandait *Napoléon* : or, parlez avec sincérité, ce succès, votre entrée si facile dans Paris, seront une époque bien mémorable pour vos armes. Cependant je ne conçois guère comment vous avez pu vous avancer vers la capitale, sans que les généraux de l'Empereur français et lui-même, fussent instruits de vos desseins (*a*). Je n'en doute point, me dit-il, mais il ne vous a pas été plus difficile de le penser, qu'il nous l'était à nous d'y avoir seulement songé. — Comment donc avez-vous pu sitôt et avec tant de précipitation, vous transporter, vos généraux et toutes vos forces, au pied pour ainsi dire de Paris ? — Cela n'est pas très-étonnant, me répondit-il en définitif. Voilà pourquoi aussi je vous disais que nous étions loin de penser sitôt entrer dans votre capitale. Nous ne pourrons jamais nous en glorifier ; c'est un songe pour nous-mêmes. Il y a trois jours, quelques-uns de nos émissaires eurent le bonheur d'arrêter celui à qui l'Empereur Napoléon avait remis des lettres écrites de sa main pour l'Impératrice Marie-Louise, son épouse. Il nous parut par ces lettres qu'il lui marquait fidèlement ses desseins, et la direction qu'il allait prendre avec son armée ; il lui désignait aussi avec soin les ordres donnés à quel-

---

(*a*) Faites attention que le prince m'avait appris qu'il ne savait pas présentement où pouvait être l'Empereur.

C 2

ques-uns de vos généraux de se transporter en tel ou
tel endroit (a). Vous jugez d'après cela qu'il ne nous a
pas été difficile de prendre des résolutions bien détermi-
nées : dès que nous fûmes certains que l'Empereur Napoléon eut prit lui et ses généraux les directions dont il
nous donnait connaissance par les lettres que nous
avions, nous nous sommes hâtés de faire prendre à nos
troupes une route contraire, afin de nous avancer
promptement sur Paris.—Vos troupes se sont cependant
battues avec les nôtres, poursuivis-je. — Il paraît que
malgré nos précautions votre Empereur sut les promptes
résolutions que nous avions formées, mais un peu tard
heureusement; il nous envoya, sans doute, alors les
troupes qui se trouvaient les plus proches de nous; le
duc de Raguse vint, mais son régiment était faible, il
s'est retiré.

Nous pouvons assurer pour authentiques les points
principaux de cette conversation avec le prince dont
nous parlons. Nous avons cru devoir la transcrire aussi

(a) Je puis assurer que le prince eut même la complaisance de me
nommer les lieux; mais j'avoue que ma mémoire ne me les rend pas
fidèlement; je ne peux donc pas les rapporter. Je sais toutefois qu'il
nomma *Fontainebleau*, qu'il me parla de *Troyes*, etc. Comme les
alentours de Paris m'étaient encore étrangers à cette époque, ce furent, sans doute, les raisons pour lesquelles je ne retins pas bien les
noms : je crois pourtant qu'il me cita de plus la petite ville de *Meaux*.

exactement que notre faible souvenir a pu nous le per-
mettre. Elle pourrait peut-être ne pas être inutile à l'his-
torien qui peut avoir ramassé les événements de cette
époque mémorable. Il est donc certain que notre Empereur fut alors ou trompé dans ses succès par quelque mé-
chante fatalité, ou trahi. Peut-on aussi justement faire
retomber l'entrée des armées alliées sur leurs succès, ou
sur des fautes qu'en cette occasion aurait pu commettre
l'Empereur?

CHAPITRE IV,

POUR SERVIR DE CONCLUSION A L'OUVRAGE.

——

GRAND héros de notre patrie, permets donc qu'après avoir rendu si hautement la justice que nous croyons t'être due, et donné un témoignage si prononcé des opinions que nous avons et de ta personne et de tes talens ; nous te fassions aussi entendre les raisons que tu ne peux ignorer si tu veux que le Français t'adore, si tu veux qu'il ne mette pas en oubli ce que tu fis pour lui, et les talénts dont nous nous sommes, pour ainsi dire, rendus garants pour toi. Oui, ne dédaigne pas d'écouter notre voix, qu'elle retentisse jusqu'au fond de ton cœur : ceux qui feront une bien moindre estime de tes talents, te parleront avec bien moins de force, avec moins de sincérité. Vois donc l'amour que nous attachons par eux à ta personne. Nous desi-

rons que tu n'ais jamais autour de toi de sujets
qui te soient plus fidèles, qui te portent un plus
grand respect : oui, c'est à la face de l'univers
que nous faisons l'aveu de tout ce que nous
avons dit en ta faveur. Jamais homme ne t'ad-
mirera d'avantage ; jamais personne ne te par-
lera avec plus de sincérité , de désintéresse-
ment. Si ce faible écrit te parvient entre les
mains, tu l'envisageras comme tu voudras :
mais nous ne saurions nous déguiser. L'amour
que nous avons pour tes talents , pour un si
beau génie , ferait que nous donnerions sans
peine jusqu'à notre sang pour te voir réu-
nir un jour toutes les qualités qu'un être
qui n'est pas immortel peut posséder. Car il
est peu de choses impossibles d'atteindre, lorsqu'on a reçu dans l'organisation de son être ,
les dons semblables à ceux que nous te reconnaissons. Ecoute-nous donc avec toute la grande
âme que nous te supposons : c'est la nation qui
veut que je parle, c'est en son nom que je te
dirai les mots suivants :

« Nous te reconnaissons et du talent et du génie ; nos cœurs ne sont point insensibles à tes qualités, au bien que tu fis à la France, à l'âme que tu nous montres, au goût exquis, au grand amour que nous savons être en toi pour les lettres, les arts, en un mot tout ce qui peut ajouter à la gloire, à la noblesse de l'homme. Oui, cet amour du beau, du grand, est aussi dans le Français ; le Français en fera toujours ses plus chères délices. Favorise ses goûts, seconde ses efforts, élève des monuments qui puissent durer autant que les siècles ; érige si tu le veux de ces pyramides rivales de celles d'Egypte, et qui assureront à ton nom une existence aussi prolongée que les temps ''. Fais fleurir les beaux arts, protège le mérite, le talent ; que par tes encouragements, ton siècle efface à jamais les siècles les plus glorieux ; qu'on dise après ta mort : il a vécu dans une époque désastreuse, dans une époque où la France devait essuyer de grands revers, devait racheter par la perte de ses enfants les égarements où elle se porta pendant quelque temps ; mais son règne n'en efface pas moins les règnes augustes des Périclès, des Octave, des Léon X, des Louis XIV.

Cependant, notre amour, celui que la nation te porte, nous forcent de t'avouer qu'elle est fatiguée de combats ; tes victoires passées, les succès de tes armes ; les périls, les piéges d'où tu sortis toujours avec gloire ; tout nous a suffisamment instruit que tu possèdes au plus parfait degré les talents de Mars, que tu joins au courage des Alexandre, des César, des Pompée, des Annibal, la prudence des Pyrrhus, des Scipion, des Paul-Emile, des Marcellus. Maintenant la victoire, comme fatiguée de la hauteur où tu l'as portée, t'a fait connaître le besoin qu'elle avait de suspendre sa course : maintenant nous voulons aussi que tu ménages plus tes jours ; que tu veilles au soin de ta conservation ; pour assurer par les glorieux rejetons de ta branche, une postérité plus nombreuse. Rends donc la paix à la France : elle préférera être alliée à la puissance qu'elle aurait pu soumettre, que de te voir exposé a de nouveaux dangers. Déjà par ce que tu fis pour le com-

merce, nous savons combien tu sentais la né-
cessité de le voir fleurir dans ton empire. Ac-
corde-lui ta protection, par la liberté qu'il
exige; fais cela, et tu n'a plus qu'un échelon à
monter, pour que nous trouvions en toi et la
valeur des héros, des Thémistocles, des Pompée; et la sagesse des bons rois, des bons Empereurs; des Numa, des Marc-Aurèle, des Titus: allège les impôts, dès que l'intérêt de la
France et de l'état te le permettront; occupe-
toi de la réforme de quelques lois de ton code;
pèse, médite, réfléchis, *ajoute* et *retranche*; tu
sais que tes intérêts et ceux des Français y sont
attachés; s'il t'est possible, éloigne de notre
souvenir ces décrets qui peuvent contraindre
le Français à suivre une profession différente
de celle où il se sent appelé, et qui privent la
veuve ou le vieillard des secours qu'ils doivent
attendre par l'assistance de leur unique rejeton.

Ah! la nation te le demande par ma voix;
c'est elle qui ordonne à mon cœur de te faire
entendre avec sincérité ce qu'elle me suggère.
Si tu fais ce pas de plus, honneur à ta des-

tinée, la félicité de ton règne est assurée. quelle ne sera pas alors ta gloire? qu'elle vengeance n'exerceras-tu pas sur tes ennemis? oui, eux-mêmes contraints, forcés de t'admirer, te loueront et te respecteront, comme les puissances qui jamais n'oseront dire t'avoir vaincu: avec la France, avec le peuple entier elles diront donc : « cet homme est l'homme unique que la terre ait produit depuis que le monde est monde : à la valeur, à la vertu des héros, il joint la sagesse des grands rois : on trouve en lui les vertus des César, des Numa, des Minos; on voit également dans la réforme qu'il fit du code des Français, toute la sagesse des lois qui rendirent si célèbres et les Solon, et les Lycurgue ».

NOTE.

—

'' Tout le monde connaît ce beau vers du célèbre poète que ma patrie vient de perdre, de l'immortel Delille, en parlant des pyramides d'Égypte :

Leur masse indestructible a fatigué le temps.

LES JARDINS, poème

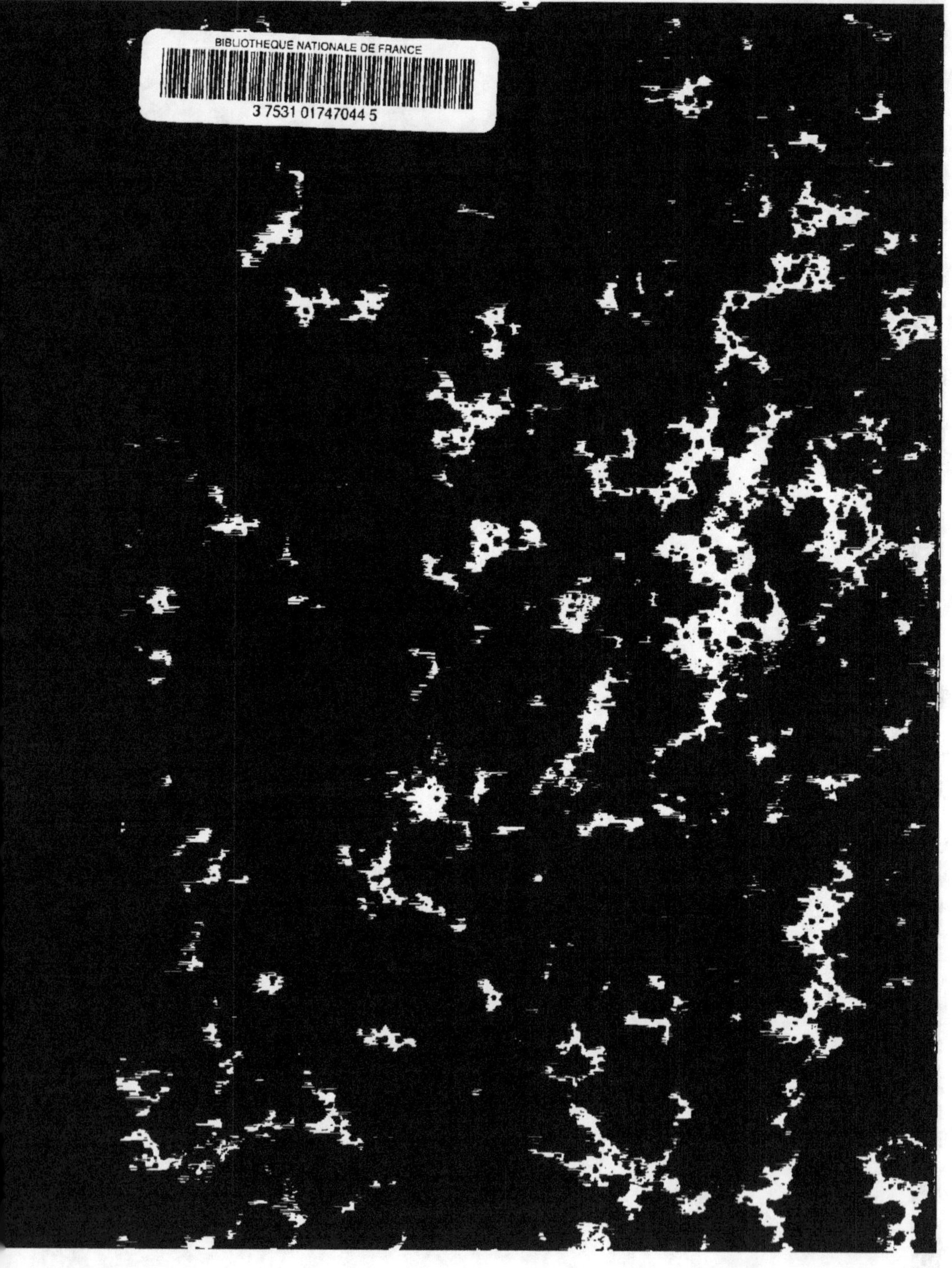